Willkommen zu meiner Reise, die in den engen Grenzen einer mennonitisch-christlichen Gemeinde beginnt und in der Freiheit eines schwulen Mannes weitergeht. Diese Seiten erzählen von Herausforderungen, inneren Konflikten und Momenten der Selbstfindung. Es ist eine Geschichte über den Mut, sich selbst zu finden und sich treu zu bleiben, und eine ehrliche Auseinandersetzung mit den strengen Regeln und Erwartungen einer konservativen Kirchengemeinde. Lass uns gemeinsam eintauchen in die Welt meiner Kindheit und Jugend. Dies ist der Weg, den ich gegangen bin, um zu dem Menschen zu werden, der ich heute bin.

Content-Warnung: Dieser Text handelt auch von Homophobie, Tod und Trauer.

Zwischen Himmel und Freiheit

Vom konservativen Christen zum schwulen Mann

Autobiografie
von Joni Emsen

Bibliografische Information der Deutschen Nationalbibliothek:
Die Deutsche Nationalbibliothek verzeichnet diese Publikation
in der Deutschen Nationalbibliografie; detaillierte bibliografische Daten sind im Internet über http://dnb.dnb.de abrufbar.

Autor: Joni Emsen
Lektorat: BoD · Books on Demand GmbH
Covergestaltung: Joni Emsen, Thomas Emsen

Zwischen Himmel und Freiheit
Vom konservativen Christen zum schwulen Mann
1. Auflage 2025

Verlag: BoD · Books on Demand GmbH, In de Tarpen 42, 22848 Norderstedt, bod@bod.de
Druck: Libri Plureos GmbH, Friedensallee 273, 22763 Hamburg

ISBN: 978-3-7693-2221-7

Inhalt

Prolog

„Ich muss den Auszug von zu Hause wohl doch zeitig voll-
ziehen. Ich glaube nicht, dass ich es hier noch lange aus-
halte.

Papa kam eben in mein Zimmer und wir haben sicher
'ne halbe Stunde diskutiert und gestritten. Er hat gesagt,
dass er mich nicht in Ruhe lässt, solange ich zu Hause
wohne. Er möchte jetzt Leute holen, die mir helfen, von
der ‚Krankheit‘ loszukommen. Ich zittere, so wütend bin
ich auf ihn und wegen des Gesprächs.

Er hat die ganze Zeit so einen Schwachsinn von der Bibel erzählt, wie ekelig und widerlich Homosexualität sei.
Hat behauptet, ich sei geistig im Alter eines 12-jährigen
Kindes stehen geblieben und nur deshalb schwul, weil ich
noch nie Kontakt zu einem Mädchen hatte. Und er hat uns
Schwule beleidigt und nur auf den Geschlechtsverkehr re-
duziert. So einen Schwachsinn musste ich mir lange nicht
mehr anhören.“

Diese Nachricht an meine Freundin Elif zeigt die tiefen
Emotionen, die mich in den Tagen nach meinem Coming-
out begleitet haben. Das Outing vor meinen Eltern war für
mich die größte Angst, die ich je überwinden musste.
Doch ich lernte: Nach jedem Tief kommt ein Hoch, nach
jedem Regen Sonnenschein.

Kapitel 1: Kindheit

Aufgewachsen bin ich im schönen Ostwestfalen als jüngstes von drei Kindern russlanddeutscher Aussiedler. Gerade noch im alten Jahrtausend geboren, beginnen meine Erinnerungen an meine Kindheit erst ab Anfang der 2000er Jahre.

Mein Heimatdorf lag am Fuße eines Berges. Unser Haus befand sich in einer Neubausiedlung, am Rande eines kleinen Wäldchens. Hinter unserem Haus hatten wir einen großen Garten, in welchem wir Kinder viel Zeit verbrachten. Ich erinnere ich mich an viele warme Sommertage, an denen wir uns im Garten und den umliegenden Wäldern, Wiesen und Feldern aufhielten. Es gab viele schöne Momente.

Meine Familie bestand aus meinen Eltern und meinen älteren Geschwistern Jasmin und Simon. Unsere Familienverhältnisse waren klassisch und konservativ angelegt. Mama war für den Haushalt zuständig und Papa verdiente das Geld. Mama war sehr fürsorglich und warmherzig und Papa das strenge Oberhaupt unserer Familie. Zu meinen Geschwistern hatte ich schon immer ein schwierigeres Verhältnis. Wir verbrachten viel Zeit zusammen, stritten uns aber auch genauso oft.

Der Umgang mit unbekannten Menschen fiel mir schon immer schwer, ich war damals bereits ein introvertierter und zurückhaltender Mensch. So war auch die Schulzeit schwierig für mich, weil ich mich oft schwertat, Freund:innen zu finden und Bekanntschaften zu knüpfen. Auch waren die unterschiedlichen Interessen ein

Hindernis. Während die anderen Jungs gerne Fußball oder Videospiele spielten, las ich gerne und verbrachte meine Zeit mit meinen Haustieren. Solche Momente haben mir schon damals das Gefühl gegeben, dass ich anders sei als die anderen. Und dieses Empfinden führte oft zu einem Gefühl der Einsamkeit und des Nicht-Dazugehörens.

Schon als Säugling lernte ich das Bethaus kennen, ein Ort, welcher meinen Eltern viel bedeutete. Mennonitische Brüdergemeinde nannte sich die Gemeinde, deren Regeln nicht besonders liberal waren. Als „streng christlich gläubig" beschrieb ich die Glaubensrichtung vor Mitschüler:innen. Viele konnten damals aber wenig nachvollziehen, warum der Glaube an Gott einen so großen Teil in meinem Leben einnahm. Aber so war es nun mal. Der Mittelpunkt unseres Familienlebens waren schon immer Gott und die Gemeinde.

Uns wurden in den Kinderstunden der Gemeinde und auch zu Hause von unseren Eltern viele Geschichten aus der Bibel erzählt, von David und Goliath, von Noah und der Arche und natürlich von Jesus und seiner Barmherzigkeit. Diese biblischen Erzählungen prägten uns und brachten uns den Glauben an Gott sehr nahe.

Kapitel 2: Der Einfluss der Kirchengemeinde

Der streng-christliche Glaube an Gott nahm in meinem Leben schon immer viel Zeit in Anspruch. Denn die mennonitische Brüdergemeinde war nicht nur ein Ort des Glaubens, sondern auch das Zuhause von uns Christ:innen.

Unser Bethaus war ein großes und dennoch schlicht gehaltenes Gebäude. Direkt hinter dem Eingang befand sich ein großer Flur, von welchem aus der Saal betreten werden konnte. Dieser war sehr groß und bot Platz für ungefähr 500 Personen. Auf der linken Seite saßen die Frauen und Mädchen, auf der rechten Seite die Männer und Jungs. Gegenüber den Zuhörenden befand sich der Chor, zu dessen Rechten die Kanzel und die Prediger ihren Platz hatten. Mittig über dem Saal, im Zentrum des Gebäudes, befand sich eine große gläserne Kuppel, welche viel Tageslicht in das Gebäude ließ und einen freien Blick auf den Himmel gewährte.

Sonntags fanden zwei eineinhalbstündige Gottesdienste statt, dazu gab es mittwochs die Bibelstunde. Als Kind war es für mich die größte Herausforderung, in den Stunden der Gottesdienste ruhig dazusitzen. Wenn das Rumalbern mit dem Sitznachbarn doch einmal zu verlockend war, bekam ich meist schon auf der Heimfahrt dafür von meinem Vater die Quittung.

Die Gemeinde war gut strukturiert. Samstags gab es einstündige Gottesdienste, während der die Kinder die

Kinderstunde und die Teenager:innen die Jungschar-
stunde besuchten, um sie bereits ab dem frühen Alter an
Gott und den Glauben heranzuführen und zu binden. Im
Alter von etwa vier Jahren kam auch ich in die Kinderstunde. Hier wurden uns die Bibel und der Glaube an Jesus
Christus altersgerecht nähergebracht. Schnell lernten wir
die ersten Gebete und Bibelverse. Auch grundsätzliche
Fundamente des Glaubens in Form von Geboten und Verboten, den Sünden, wurden uns bereits in diesem Alter
vermittelt. Die Kinderstunde habe ich sehr gerne besucht.
Meine Lehrerinnen fand ich sehr nett und auch die Bibel-
geschichten waren spannend.

In den kommenden Jahren wurde aber auch hier die
Leistungskurve angezogen. Die Inhalte wurden an-
spruchsvoller und wir wurden mit ernsteren Themen konfrontiert. Wie das Leben von Christ:innen abzulaufen
hatte, war schnell klar: Vorzugsweise sollten wir uns schon
im jungen Alter bekehren.[1] Ein bibeltreues Leben sei von
Bedeutung. Nach Eintritt in die Volljährigkeit wurde bei
bekehrten Christ:innen auf eigenen Wunsch der Schritt
der Taufe vollzogen. Dieser war aber notwendig, um der
Gemeinde offiziell beitreten zu können.

Der Glaube an Gott hatte eine große Macht über unser
Leben und war allseits präsent. Täglich wurde in der Familie gemeinsam die Bibel gelesen und gebetet. Auf dem
Esstisch lagen Kärtchen mit Bibelversen, an den Wänden
hingen Wandkalender mit Bibelsprüchen und in unseren

---

[1] Unter Bekehrung wird die bewusste Entscheidung für Gott verstanden. Bei
einer Bekehrung werden die eigenen Sünden zu Gott gebracht, das bisherige Leben bereut und mit dem Wunsch nach Gottes Hilfe ein „neues Leben" begonnen.

Regalen befand sich neben den Bibeln auch viel christliche
Literatur. Die Gottesdienste waren Pflichttermine und
durften nicht ausgelassen werden. Und immer wiederkeh-
rend war das Thema Gehorsam. Gehorsam gegenüber
Gott, gegenüber der Gemeinde und natürlich gegenüber
den Eltern.

Mehrmals jährlich wurden von der Gemeinde Evange-
lisationen ausgerichtet. Hier lag der Fokus darauf, eingela-
dene Gäst:innen, aber auch noch nicht bekehrte Familien-
angehörige von Gemeindemitgliedern sowie Kinder zu
Gott zu führen mit dem Ziel, dass diese sich bekehren.

Gut erinnere ich mich an eine mehrtägige Evangelisation im September 2008, welche in einer Stadthalle durch-
geführt wurde, um genug Raum für die vielen Gäst:innen
zu haben. Zu diesem Zeitpunkt war ich neun Jahre alt und
mir war schon bewusst, dass die Streitereien mit meinem
Bruder, der Ungehorsam gegenüber meinen Eltern, meine
schlechten Launen und meine Unzufriedenheit allesamt
Sünden waren. Und ich wusste, dass Gott Sünde verab-
scheut. Mir war auch klar, dass ich für diese Sünden in die
Hölle kommen würde. Das hatte ich so gelernt.

Die Predigten während der Evangelisation waren spannend formuliert und der Gastprediger bewegte uns alle mit
seinen Worten. Und es wurde Druck ausgeübt. Die Menschen im Raum, die ein reines Gewissen hatten, konnten
den Worten beruhigt lauschen. Aber wir anderen, die wir

mit Gott und unserem Glauben nicht im Reinen waren, hatten Angst. Wir wurden mit dem Himmel gelockt und mit der Hölle bedroht. Bereits an den ersten Abenden waren die Predigten sehr emotional und ich wusste, dass ich mich bekehren sollte. Aber ich schob den Gedanken beiseite, denn ich hatte ja noch Zeit. Zumindest bis zum Ende der Evangelisation. Aber als die Gottesdienstreihe langsam ihren Abschluss fand, wurde ich nervös. Mir rannte die Zeit davon und ich wusste, ich musste den Schritt der Bekehrung jetzt gehen. Doch mich erfasste Angst. Ich als Kind stand da und ich hatte einfach nur Angst, fast Todesangst. Nicht um mein Leben hier auf der Erde, aber um das Leben, das danach kommen würde. Dafür, dass ich meinen Bruder im Streit geschubst hatte und meiner Mutter nicht immer gehorsam war, sollte ich in die Hölle kommen. Und die Hölle war schrecklich, daraus wurde kein Hehl gemacht. Das Schlimmste an der Hölle war die Zeit, die ich darin verbringen sollte: Ewig. Für immer. Nie endend. Unendlich lange. Ein Zeitraum, der länger war als die größte Zahl, die ich mir vorstellen konnte.

Dann rief der Prediger uns unter Tränen zur Bekehrung auf. Mein ganzer Körper zitterte. Ich hatte solche Angst. Dazu kam die enorme Überwindung, die ich aufbringen musste, um nach vorne zum Prediger zu gehen, mich vor aller Augen niederzuknien und Gott um Vergebung zu bitten. Für mich gab es aber nur diese Option, ich musste der Aufforderung nachkommen. Ich dachte, nur so meinen Frieden finden zu können. Denn eine Bekehrung sollte öffentlich passieren, nicht zu Hause. Das hatte ich schon oft versucht, um dem Schritt, mich öffentlich zu bekehren, aus dem Weg zu gehen. Aber glücklich wurde ich nach diesen Bekehrungen nicht. Sie fühlten sich nicht richtig an. Also ging ich jetzt nach vorne, gefolgt von den Blicken hunderter neugieriger Menschen. Ich warf mich auf die Knie und weinte. Ich bat Gott um Vergebung meiner Sünden und um seine Unterstützung für mich, ab sofort ein neues Leben zu führen. Ein älterer Prediger der Gemeinde kam zu mir und betete mit mir. Danach verließ ich mit ihm die Halle und ging in einen kleinen Raum. Hier hatten wir ein seelsorgerliches Gespräch. Ich erzählte ihm alles. Denn nur was ich diesem Prediger erzählte, brachte ich auch vor Gott. Und nur wenn ich alle meine Sünden vor Gott brachte, konnte ich ein richtiger Christ werden.

Nach diesem Ereignis war ich glücklich. Ich hatte meinen Frieden tatsächlich gefunden. Doch dieser Friede hielt nicht lange an. Nach und nach kamen alle meine Fehler und meine Unzufriedenheit wieder zum Vorschein.

Aber auch dafür hatte die Gemeinde eine Erklärung: Besonders junge Christ:innen müssen sehr standhaft in ihrem Glauben sein, denn der Glaube an Gott ist bei ihnen noch jung und zerbrechlich, wie ein junger Baum. Er muss ausgebaut und gestärkt werden, tiefere Wurzeln entwickeln. Natürlich sollte dies durch Gebete, das Lesen und Studieren der Bibel und die Besuche der Gottesdienste erfolgen. Aber das allein reichte noch nicht aus. Allen Sünden musste aus dem Weg gegangen werden.

Ein Kernelement des mennonitisch-christlichen Glaubens ist die Entrückung der Gemeinde. Das bedeutet, dass Gott an einem gewissen Tag in der Zukunft alle

Christ:innen aus dieser Welt nehmen und zu sich in den Himmel holen wird. Alle, die dann bereit und frei von Sünde sind, werden dabei sein. Alle anderen bleiben auf der Erde zurück. Für die Zurückgebliebenen bleibt wenig Hoffnung auf das ewige Leben bei Gott im Himmel. Der Glaube an die Entrückung birgt aber ein großes Problem: Nur diejenigen sind dabei, die frei von Sünde sind. Und Christ:innen sind nur dann frei von Sünde, wenn sie alle Sünden zu Gott gebracht haben und um deren Vergebung gebeten haben.

Nehmen wir mal an, da ist ein Christ namens Konstantin. Konstantin ist ein besonders guter Mensch, er sündigt fast nie. Wenn Konstantin doch mal sündigt, dann bittet er Gott um Vergebung. Jetzt wird Konstantin auf der Straße von einem anderen Menschen angepöbelt. Konstantin findet das nicht toll und beleidigt diesen Menschen. Vielleicht spricht er die Beleidigung nicht einmal aus, sondern hat sie nur in seinen Gedanken. Und genau in diesem Moment entrückt Gott seine Gemeinde. Dann ist Konstantin nicht dabei. Er hat Pech gehabt. Er war zwar immer ein toller Christ, aber er hat nach der ausgesprochenen oder gedachten Beleidigung noch keine Gelegenheit gehabt, Gott um Vergebung zu bitten. Er ist also ein Sünder und Gott nimmt keine Sünder in den Himmel auf. Das Gleiche, so wurde in der mennonitischen Gemeinde gepredigt, würde passieren, wenn Konstantin nach einer Sünde sterben würde, bevor er diese zu Gott bringen könnte.

Das bedeutet, dass Gott nach jeder einzelnen Sünde schnellstmöglich um Vergebung gebeten werden muss, um sicherzugehen, eines Tages im Himmel zu sein. Das hört sich sehr anstrengend an. Und das war es auch.

Wenn ich also durch diese ganzen Anstrengungen, durch das Kopfzerbrechen über mögliche Sünden deprimiert und müde wurde und das Glück vielleicht auch deswegen verschwand, so war ich selbst schuld daran. Es hieß, ich habe mich von Gott entfernt und gebe dem sündigen Leben zu viel Raum.

⚥ ⚥ ⚥

Heute, mit einem distanzierteren Blick, sehe ich das Konzept dieser Gemeinde durchaus kritisch. Kindern wird dort bereits in jungem Alter vermittelt, dass sie ohne Vergebung durch Gott in die Hölle kommen. Dass der Teufel von ihren kindlichen und unschuldigen Herzen Besitz ergriffen hat. Dass sie schlechte Menschen sind. Den Kindern werden Grenzen in ihrer Entwicklung aufgezeigt, die ihnen schier unmöglich zu durchbrechen scheinen. Kinder werden in ihrer persönlichen und individuellen Entwicklung gehemmt und in eine christliche Form gepresst, um zu sein wie all die anderen. Um so zu sein, wie Gott sie haben möchte.

Das Leben in einer solchen Gemeinde war von zahlreichen Verboten geprägt. Zusätzlich zu den zehn Geboten, die Gott Mose auf dem Berg Sinai gab, gab es weitere Verbote, welche die Gemeinde aufgestellt hatte. So mussten die Röcke der Frauen mindestens knielang sein, Hosen waren für sie nicht erlaubt. Ihre Haare durften sie nicht schneiden und kein Schmuck durfte von ihnen getragen werden, nur ein Ehering war erlaubt. Männer wiederum durften keine langen Haare haben und sie mussten Hosen tragen. Diese sollten immer lang sein, also waren auch im Sommer keine kurzen Hosen erlaubt. Der private Besitz eines Fernsehers war nicht erlaubt. Auch war das Schauen von Filmen zu Hause oder im Kino generell unerwünscht. Diskotheken und laute Musik waren zu vermeiden, Alkohol und Drogen sowieso. Sex war nur in der Ehe erlaubt und Ehen gab es nur in der gegengeschlechtlichen Variante. Verhütung beim Sex war unerwünscht, da der Sinn des Geschlechtsverkehrs in der Zeugung von Kindern liegt.

Diese Liste könnte noch lange weitergehen. Es gab zwischen vielen Gemeinden auch unterschiedliche Verbote. Worin sich aber alle einig waren: Nur Heterosexualität ist erlaubt und gottgewollt. Jede andere sexuelle Orientierung ist Sünde. Und die Menschen, die nicht dem Geschlecht entsprechen, welches ihnen bei der Geburt zugewiesen wurde, sind Sünder:innen.

Diese strenge christliche und konservative Erziehung hat bei mir Spuren hinterlassen. Arbeitskolleg:innen nehmen mich als freundlichen und wohl erzogenen jungen Mann war, das sind die positiven Seiten. Was aber keiner sieht, sind die Ängste, welche mich begleiten. Die große Angst vor der Hölle und dem ewigen Tod, welche mir als

Kleinkind vermittelt wurde, hat sich tief in mir einge-
brannt. Es gibt Tage, da hinterfrage ich mein gesamtes Leben. Ich bin zwar überzeugt von der Entscheidung, die Gemeinde verlassen zu haben. Aber plötzlich kommen die
Gedanken wieder: *Dir ist schon bewusst, dass es Sünde ist,
schwul zu sein? Wenn du jetzt stirbst, wird Gott keine
Gnade dir gegenüber haben. Woher willst du wissen, dass
die Gemeinde deiner Eltern nicht doch mit allem Recht
hatte? Willst du wirklich dein ewiges Leben aufs Spiel setzen?*

In diesen Tagen ergreift mich die Angst. Ich bete zu
dem mennonitischen Gott, an den ich nicht glaube. Ich
bitte um Vergebung von Sünden, von denen ich überzeugt
bin, dass sie keine Sünden sind.

Ich darf mit Recht sagen: Diese strenge religiöse Erziehung hat Narben an meiner Seele zurückgelassen. Narben,
die bleiben werden und mit welchen ich lernen muss, um-
zugehen. Ich muss lernen, mit diesen Narben zu leben.

Es könnte die Frage aufkommen, warum so eine Gemeinde überhaupt Mitglieder hat. Wer möchte ihr freiwillig angehören? Vielen Menschen gibt dieser Glaube Sicherheit. Ihnen wird gesagt, was sie tun dürfen und was
nicht. Ihnen wird vorgegeben, wie sie ihr Leben zu leben
haben. Sie müssen keine eigenen Entscheidungen treffen.
Sie müssen sich nicht selbst finden und herausbekommen,
wer sie eigentlich sind und was sie in ihrem Leben errei-
chen wollen. All diese Fragen sind für sie schon geklärt. Sie
wissen, dass sie immer zu den Gottesdiensten gehen müssen. Dass sie sich bekehren, sich taufen lassen müssen.

Dass sie heiraten, Kinder bekommen und Gott in ihrem ganzen Leben eine zentrale Rolle widmen müssen.

Die meisten Mitglieder der Gemeinde hatten schon in jungen Jahren einen Bezug zu Gott und zum Glauben, sie sind in der Gemeinde groß geworden. So wie ich auch. Einige sind auch über gläubige Ehepartner:innen, gläubige Großeltern oder Verwandte in die Gemeinde gekommen.

Natürlich wird versucht, fremde Menschen an den Glauben heranzuführen, aber das funktioniert zumeist weniger gut. Um in Zahlen zu sprechen: Die Gemeinde, in welcher ich aufgewachsen bin, hatte rund zweihundert Mitglieder, dazu kamen etwa zweihundert Kinder und Teenager:innen, insgesamt also waren es etwa vierhundert Menschen. Mir ist von den vierhundert Personen nur ein Mann bekannt, welcher sich im erwachsenen Alter der Gemeinde angeschlossen hat, ohne dass er vorher Kontakt zu einer mennonitischen Gemeinde oder zu Mennonit:innen hatte. Er war auch der einzige Deutsche in dieser Gemeinde, der keine russlanddeutschen oder russischen Wurzeln hatte.

In meinen späteren Jahren als Teil dieser Gemeinde habe ich von etlichen jungen Erwachsenen erfahren, welche die Gemeinde verlassen wollten. Sie wollten frei sein, ihr Leben genießen und sich nicht einengen lassen. Aber wie auch ich wurden sie von Ängsten geplagt und sie kamen, früher oder später, größtenteils wieder zurück. Nicht unbedingt in dieselbe Gemeinde, oftmals in eine der lockereren, mit weniger strengen Regeln. Aber den Absprung schafften nur wenige. Sie bleiben ihr Leben lang in der mennonitischen Brüdergemeinde.

Kapitel 3: Teenagerzeit

Die Übergangszeit zwischen Kindheit und Teenagerjahren war eine Herausforderung für mich. Lange Zeit hatte ich mich überwiegend als normal empfunden, aber dies Gefühl nahm nach dem Wechsel von der Grundschule in die weiterführende Schule ab. Hier wurde ich als der komische Bibeljunge wahrgenommen und zunehmend gemobbt.

In der Gemeinde hielt das Gefühl, normal zu sein, länger an. Verständlich also, dass ich mich hier sicher fühlte. Es war eine Art zweites Zuhause. Meine Sexualität stellte in diesen Jahren noch kein Problem dar. Auch war ich mir selbst noch nicht im Klaren darüber. Die ersten Berührungspunkte mit meiner Homosexualität gab es aber schon, durch Bücher. Dank meiner Mutter und meine Schwester standen bei uns auch Romane im Bücherregal. Bücher habe ich schon immer gerne gelesen. Oft setzte ich mich vor den Kamin, auf das Sofa oder auf die Terrasse, um ungestört und stundenlang zu lesen. Während ich mich in ein Buch vertiefte, lief vor meinem inneren Auge ein Film ab. Eine der Hauptrollen besetzte ich immer mit meiner Person. Schon zu Beginn eines Buches suchte ich mir einen Charakter heraus, mit welchem ich mich in der weiteren Geschichte identifizierte. In Romanen war ich überwiegend die weibliche Hauptfigur. Dies lag nicht daran, dass ich mich in der weiblichen Rolle besonders wohlgefühlt hätte, aber ich wollte von dem Mann aus dem Buch verehrt werden. Ich wollte von ihm verliebt angesehen und auf Händen getragen werden. Ich wollte eine romantische Liebesgeschichte mit ihm haben.

Ich muss zugeben, dass mir mein Verhalten damals tatsächlich nicht auffiel. Dies mag aber auch daran gelegen haben, dass ich noch nicht wusste, dass Männer auch Männer lieben können und nicht immer nur Frauen. Erst sehr viel später habe ich rückblickend verstanden, dass meine Homosexualität in diesen Situationen das erste Mal zum Vorschein kam.

Im Alter von elf oder zwölf Jahren hatten die meisten Jungs in meinem Umfeld schon ihren ersten Schwarm und begannen, Mädchen attraktiv zu finden. Mir erging es nicht so. Aber auch andere Jungs und Männer fand ich noch nicht attraktiv, denn meine Pubertät setzte erst später ein. Um der Norm zu entsprechen und dazuzugehören, wollte ich aber auch meinen ersten weiblichen Schwarm haben. Meine Wahl fiel auf Anna, ein Mädchen aus der Gemeinde. Unsere Eltern waren befreundet und meine Geschwister fanden es lustig, mich damit aufzuziehen, ich würde auf Anna stehen. Irgendwann nahm ich es hin, dass ich also auf Anna stand. Als sie aber mit ihrem Freund zusammenkam, konnte ich ja nicht weiterhin auf sie stehen, denn verzweifelt wollte ich nicht wirken. Also suchte ich im Gemeindealbum[2] nach einem neuen Schwarm. Diesmal wählte ich Johanna aus. Sie war dann meine neue „Angebetete". Natürlich stand ich auf keines der beiden Mädchen wirklich, aber es war einfacher, so zu tun, um unbequeme Gedanken im Keim zu ersticken und einfach dazuzugehören.

---

[2] Im Gemeindealbum waren alle Gemeindemitglieder mit Fotos und Namen abgebildet.

Je älter ich wurde, desto öfter wurde ich mit dem Thema Sexualität konfrontiert. In der achten Klasse saß ich im Unterricht dann neben einem Mädchen, welches ich wirklich toll fand, Marina. Sie gehörte zu den beliebteren Mädchen der Klasse, war sportlich, hübsch und echt humorvoll. Ich wollte gerne mit ihr befreundet sein. Als eine Art des Verliebtseins habe ich es mir aber eingeredet. Als Marina mir während des Unterrichts einen Zettel mit ihrer Handynummer und ihrem Namen zusteckte, war ich glücklich. Und das Beste? Ich hatte gar nicht viel dafür tun müssen. Den Zettel mit ihrer Handynummer verstaute ich schnell in meiner Schultasche. Zuhause angekommen, versteckte ich ihn unter meinem Kopfkissen, um ihre Nummer später in Ruhe in mein Smartphone einspeichern zu können. Mama entdeckte den Zettel in der Zwischenzeit natürlich. Ich dachte, sie würde mich zur Rede stellen, aber das passierte nicht. Mütter haben oft einen siebten Sinn, so auch Mama. Heute denke ich, dass sie schon lange geahnt hatte, dass ich schwul bin. War sie vielleicht in dem Moment, als sie den Zettel mit Marinas Handynummer entdeckte, erleichtert, dass ich mit Mädchen zu tun hatte?

Ich „stand" also auf Marina. Und auch diesmal redete ich mir das Gefühl nur ein, um so zu sein wie die anderen Jungs. Dass Marina niemals mit mir zusammenkommen würde, war mir klar. Dass ich sie auch nie danach fragen würde, weil ich zu feige war, war auch klar. Aber darum ging es mir auch gar nicht. Ich „stand" auf sie, das hat für mich erst mal ausgereicht.

Dann war da noch Frieda. Als wir etwa dreizehn oder vierzehn Jahre alt waren, trug sie in der Schule häufiger Lippenstift und Absatzschuhe. Mein damaliger bester Schulfreund Kevin redete mir ein, dass Frieda dies wegen mir tue und dass sie auf mich stehe. Irgendwie gefiel mir das, denn es gab mir das Gefühl, Teil der heteronormativen Welt zu sein.

Der Begriff „schwul" war mir inzwischen bekannt, doch war dieser ausschließlich negativ besetzt.

„Bah, bist du schwul?"

„Haaa, gaaaay!"

„Das ist voll schwuuul."

Es ist nachvollziehbar, dass ich mich mit einem solchen negativen Begriff nicht identifizieren konnte und wollte. Dazu kam mein Wissen, dass in der Gemeinde jegliche Art „widernatürlichen Verhaltens" eine absolute Sünde darstellte. Den Gedanken, dass ich schwul sein könnte, ließ ich noch nicht zu. Im Hinterkopf tauchte er gelegentlich auf, aber ich verdrängte ihn. Ich stand nicht auf Mädchen, aber die Jungs in meinem Umfeld fand ich auch nicht sehr interessant.

In diesen Jahren konnte ich mich so in meiner eigenen kleinen Hetero-Welt verstecken. Einfach nicht auffallen, das war mir wichtig.

An einem Schultag redeten wir während der großen Pause auf dem Schulhof mit ein paar Mitschüler:innen über das Thema Hochzeit. Ich war zeitweise so davon überzeugt, heterosexuell zu sein, dass ich die Klassenkamerad:innen zu meiner gegengeschlechtlichen Hochzeit in der Gemeinde einlud. Ich war damals etwa vierzehn

Jahre alt und hatte keine Freundin, ich war aber überzeugter Christ und glaubte meine eigenen Unwahrheiten.

Noch bis zum Ende der Schulzeit durchlief ich keine besonderen Veränderungen in meiner persönlichen Entwicklung und machte keine Schritte zu meiner Selbstfindung.

⚣ ⚣ ⚣

Dennoch hat mich die Schulzeit sehr geprägt. Freund:innen hatte ich dort nur wenige. Doch die Mitschüler:innen bemerkten, dass ich anders war, und so wurde ich schnell zur Zielscheibe. In meiner Grundschulzeit wurde ich häufig geärgert, aber nicht viel mehr als die anderen in der Klasse. Ich gehörte zwar nicht zu den coolen Kindern, aber eine stark ausgeprägte soziale Struktur gab es innerhalb der Klasse noch nicht.

Dies änderte sich, als ich auf die Realschule wechselte. Je älter wir wurden, desto stärker und heftiger wurde das Mobbing. Es fing mit Beleidigungen wie „russischer Bibeljunge“ an. Mir wurde deutlich gemacht, dass ich nicht dazugehörte, dass ich anders war, uncool und unsportlich. Im Sportunterricht wurde ich immer als einer der Letzten in die Mannschaft gewählt und auf dem Pausenhof wurde ich ausgegrenzt, auch geschubst oder geschlagen.

Ich hatte Glück, dass ich drei Jungs um mich hatte, die mich nicht gemobbt haben. Sascha, Lukas und Kevin. Wir waren nicht sehr gut befreundet, es war eher eine

Zweckfreundschaft, da wir alle nicht dazugehörten. Aber so waren wir wenigstens nicht ganz allein.

Als ich in der achten Klasse war, wurden von der Schule Berufsfindungspraktika organisiert. Dafür musste unser gesamter Jahrgang über mehrere Wochen mit dem Zug in den nächstgelegenen Ort fahren und dort an verschiedenen Kursen teilnehmen. Das Mobbing verstärkte sich in dieser Zeit sehr. Ohne Konsequenzen befürchten zu müssen, da keine Lehrer:innen vor Ort waren, sank ihre Hemmschwelle. Neben vieler Beleidigungen fingen zwei Mitschüler damit an, mir zu drohen. Auf dem Rückweg vom Praktikumsort zum Bahnhof, auf einem Feldweg neben einem Wald wollten sie mir auflauern und mich verprügeln. Ohne Grund. Und ich hätte es ihnen zugetraut. Die nächsten Tage ging ich diesen Weg voller Angst oder schloss mich anderen Leuten an, um ihn möglichst nicht allein gehen zu müssen. Als ich Papa davon erzählte, sagte er mir, ich müsse dann zurückschlagen. Ich bezweifle, dass dies ein deeskalierender Ansatz gewesen wäre.

Zu dieser Zeit wurde ich auch in der Kirche einsam. Mir fiel es als introvertierte Person schwer, neue Kontakte zu knüpfen und neue Freundschaften zu finden. In der Gemeinde hatte ich nur zwei Freunde, Benny und Stefan. Beide gehörten zu den Personen, die den Gottesdienst gerne mal ausfallen ließen. Ich gehörte nicht dazu, das hätten meine Eltern nicht zugelassen. Also saß ich an diesen Tagen völlig allein auf der Kirchenbank.

Auch zu Hause wurde der Alltag anstrengender. Mit meinem Bruder stritt ich mich häufig und nach jedem Streit wollten uns unsere Eltern für unser Verhalten bestrafen. Meine Mutter schimpfte zwar mit uns, aber geschlagen hat sie uns nicht. Dafür war Papa zuständig. Da mein Vater aber häufig erst nachmittags von der Arbeit kam, mussten wir in der Zwischenzeit in unseren Zimmern in der Ecke stehen. Als Papa dann ankam, schlug er uns mit einem Hausschuh, meistens drei Mal. Danach konnten wir wieder unserem gewohnten Alltag nachgehen. Simon und ich stritten uns aber auch an Tagen, an denen Papa Spätschicht hatte und erst spätabends nach Hause kam, als wir schon schliefen. An diesen Tagen weckte Papa uns auf und noch im Bett versetzte er uns Schläge, danach durften wir weiterschlafen.

Ich fühlte mich allein. In der Kirche einsam. In der Schule gemobbt. Und zu Hause auch nicht verstanden. Ich fing an, an mir zu zweifeln. An der Sinnhaftigkeit meines Lebens und ob ich dieses Leben so weiterführen wollte. Und ich stellte fest, dass ich das nicht wollte. Ich sah die Option nicht, dass sich mein Leben ändern könnte. Ich war im Moment gefangen. Und ich wollte nicht länger in diesem Moment feststecken. Ich begann, mir Gedanken darüber zu machen, meinem Leben ein Ende zu setzen. Warum sollte ich auch weitermachen? Was gab es noch für einen Sinn? Wofür sollte es weitergehen? Diese Gedanken wurden häufiger. Ich dachte darüber nach, welche Möglichkeiten ich hatte, mein Leben zu beenden.

Aber ich tat es nicht. Ich unternahm nicht einmal den Versuch, mein Leben zu beenden. Was hielt mich davon ab? Die Angst. Nicht unbedingt die Angst, zu sterben, sondern die Angst vor dem, was danach kommen würde. Wenn ich mich selbst umgebracht hätte, wäre ich in die

Hölle gekommen. Das wurde so gesagt. Und die Angst vor der Hölle war größer als der Wunsch, nicht mehr zu leben.

So sorgte der mennonitische Glauben dafür, dass ich keinen Versuch unternahm, mein Leben zu beenden. Aber wäre ich ohne diesen Glauben überhaupt erst in diese Situation gekommen?

Kapitel 4: Mein Weg zu mir

Eine wichtige Rolle in meiner Selbstfindungsphase spielten meine Freundinnen Frieda, Elif und Lena. Frieda und Elif lernte ich in meiner Schulzeit kennen, wir gingen gemeinsam auf die Realschule in unserem Dorf. Nachdem wir die Schule abschlossen hatten, verloren wir uns aus den Augen. Die beiden gingen auf verschiedene Gymnasien, um ihr Abitur zu machen, und ich begann eine Ausbildung in der nächsten größeren Stadt.

Ein Jahr nach dem Abschluss traf ich Frieda zufällig in einem Friseursalon wieder. Wir tauschten uns kurz aus, hatten aber beide wenig Zeit für ein längeres Gespräch. Kurz darauf begegnete ich Elif in der Fahrschule unseres Ortes, wo wir bis auf eine Begrüßung aber nicht miteinander redeten. Als dann im Ort die Kirmes anstand, verabredeten wir uns zu einem Treffen. Hiernach trafen wir uns regelmäßiger, woraus sich eine Freundschaft entwickelte. Über die beiden lernte ich weitere Freund:innen kennen, so auch Lena. Wir vier bildeten einen engen Freundeskreis. Häufig verabredeten wir uns auf Friedas Hof oder spazierten stundenlang durch den Ort oder auf der Autobahn, die sich gerade im Bau befand. Besonders wichtig waren mir unsere Gespräche. Wir sprachen über alles. Und wir diskutierten sehr viel. Sie zeigten mir eine Welt außerhalb der Kirchengemeinde. Es gab Gespräche über Sex, meinen ersten Alkohol, aber auch belanglose Themen. Meine Eltern nannten sie bloß „weltliche Freunde". Nach Hause einladen durfte ich sie nicht, denn meine Eltern empfanden den Umgang mit unchristlichen

Menschen als falsch. Dennoch gaben sie mir den Freiraum, Zeit mit ihnen zu verbringen.

Durch meine Freundinnen lebte ich zwischen zwei Welten, welche mich beide voll vereinnahmen wollten. Auf der einen Seite war die fast grenzenlose Freiheit, einfach ich selbst sein zu dürfen. Die andere Seite war der Glaube an Gott und die Kirchengemeinde. Dass ich auf dieser Seite nicht sonderlich glücklich war, wurde mir immer klarer. Aber hier bekam ich die Sicherheit, die ich so dringend brauchte. Und den Glauben, das Richtige zu tun.

Ich befand mich zwischen Himmel und Freiheit.

✸ ✸ ✸

Auch die Konflikte in der Familie ließen nicht nach. Ich bin ein sehr sturer und ungeduldiger Mensch. Beides sind Eigenschaften, die ich von Papa geerbt habe. In der Zeit meiner rebellischen Phase empfand ich es als angebracht, ihn regelmäßig zu provozieren. Ich diskutierte, war ungehorsam und ärgerte ihn. Dabei schaute ich ihm zu, wie sein Gesicht immer mehr an Farbe gewann, und hörte auf, kurz bevor er wütend wurde und mich anschrie. Leider schaffte ich diesen rechtzeitigen Ausstieg nicht immer. Das Resultat bestand in Ohrfeigen, dass er mich am Hals gegen eine Wand drückte oder meine Zimmertür eintrat.

Besonders eingeprägt haben sich die Ereignisse eines Sonntagabends. Nach dem Gottesdienst fand noch die Jugendstunde statt. Anschließend fuhren meine Geschwister und ich in Simons Wagen nach Hause. Daheim angekommen, stieg ich aus dem Auto und ließ die Tür ins Schloss fallen. Simon war aufgebracht, ich hätte die Tür zu laut zugeschlagen, das wäre auch viel sanfter möglich gewesen. Die Diskussion setzte sich während des Weges vom Parkplatz bis in die Küche unseres Hauses fort. Auch Papa und Mama bekamen dies mit. Als wir zu Abend essen wollten, spitzte sich die Situation zu. Papa schickte mich auf mein Zimmer, um die Diskussion zu beenden. Ich hingegen war mir keiner Schuld bewusst, also protestierte ich. Papa fing an zu schreien. Um die angespannte Situation zu deeskalieren, ging ich also doch auf mein Zimmer, ohne vorher etwas zu essen. Mein Vater folgte mir und war offenbar weiterhin unzufrieden darüber, dass ich nicht schnell genug losgegangen, nicht sofort gehorsam gewesen war. Als er mein Zimmer betrat, ahnte ich Böses. Er war sehr wütend und zitterte vor Wut. Dann zog er den Gürtel aus seiner Hose und wollte auf mich einschlagen. Doch ich hielt ihn fest, so gut ich konnte. Zurückschlagen wollte ich nicht, denn Papa war stärker als ich, der Kampf wäre nicht gut für mich ausgegangen. Mama, Jasmin und Simon waren Papa gefolgt und standen im Flur, den Blick in mein Zimmer gerichtet.

Mama schrie Papa an: „Andreas, versündige dich nicht vor Gott!!!“

Ich war verdutzt. Papa wollte mich mit einem Gürtel verprügeln und das Einzige, an das Mama in diesem Moment dachte, war wieder nur der Glaube an Gott. Gab es in dem Moment nicht Wichtigeres? Was war mit meiner Gesundheit, der körperlichen und mentalen? Aber vielleicht wusste Mama, dass dies in dem Moment die einzige

Aussage war, mit der sie zu Papa durchdringen und die ihn dazu bewegen konnte, von mir abzulassen. Meine Schwester stand die Zeit über im Flur und weinte laut. Und Simon? Er zog sich leise in sein Zimmer zurück.

Dieses Ereignis hat das Verhältnis zwischen meinem Vater und mir nachhaltig stark geschädigt.

⚣ ⚣ ⚣

Die Wochen vergingen und ich wurde mir meiner Sexualität langsam etwas bewusster, obwohl ich sie weiterhin nicht wahrhaben wollte. In den Gesprächen mit meinen Freundinnen tauschten wir uns zu unseren Sexualitäten aus und ich beanspruchte jedes Mal aufs Neue die Heterosexualität für mich. Dennoch wusste ich unterbewusst schon, dass dies nicht korrekt war.

Der erste aktive Schritt, den ich auf meine Sexualität zumachte, bestand in Online-Selbsttests. Im Internet gab es zahlreiche Fragebögen zu dem Thema „Bin ich schwul?". Gut gestellt waren die Fragen aber nicht, denn sie zielten auf Klischees ab und bezogen sich kaum auf Merkmale von Sexualitäten. Stattdessen wollten sie wissen, ob meine Lieblingsfarbe Pink sei und ob ich meine gesamte Kindheit über nichts anderes getan hätte, als mit Barbies zu spielen. Als Ergebnis dieser Tests kam zumeist heraus, ich sei heterosexuell. Jedes Mal war dann mein intuitiver Gedanke: „Ha, das ist falsch." Aber welche Antwort hatte ich mir von solchen Tests auch erwartet?

Während der Zugfahrten von meiner Ausbildungsstätte nach Hause hatte ich genug Zeit, um nachzudenken. So auch auf dem Heimweg an einem meiner ersten Arbeitstage im neuen Jahr 2017. Ich nahm mein Smartphone in die Hand und schrieb mir Neujahrsvorsätze auf, Dinge, die ich in meinem Leben ändern wollte. Dank des Internets hatte ich genügend Möglichkeiten, mich über Homosexualität zu informieren. „Schwul sein und Christ" googelte ich häufig, wobei mich die Ergebnisse nie zufriedenstellten. Denn für mich stellten diese beiden Punkte einen riesigen Konflikt dar, den ich nicht zu bewältigen wusste. Ich konnte kein schwuler Mann sein und gleichzeitig ein Christ. Und ich wollte mich mehr den richtigen Dingen widmen. Ich war motiviert, ein christliches Leben zu führen. Meine Vorsätze beinhalteten das Vorhaben, allen sündigen Dingen zu entsagen, mich von meinen Freundinnen zu lösen, die Bibel gründlicher zu studieren, einfach wieder ein guter Christ zu sein und alle Probleme beiseitezuschieben.

Aber so einfach funktionierte das nicht. Die Frage, ob ich nun schwul war oder nicht, drängte sich immer mehr in den Vordergrund. Ich hatte Angst, schwul zu sein, weil ich nicht wusste, wie mein Leben dann weitergehen sollte. Aber ich wusste eigentlich auch, dass ich es war.

Auf einer weiteren Zugfahrt nach Hause hatte ich dann mein inneres Coming-out. Die Entscheidung, ob ich mein Leben in der Gemeinde verbringen oder ob ich meiner Sexualität in meinem Leben Raum geben möchte, wollte ich aber noch nicht treffen, sondern sagte mir: „Akzeptiere es erst mal einfach, dass du schwul bist. Ändern kannst du es nicht. Wofür du dich letztendlich entscheidest, musst du jetzt noch nicht wissen."

⚣ ⚣ ⚣

Schnell hatte ich meinen ersten Schwarm. Während meine christlichen Freunde für Mädchen aus der Kirchengemeinde schwärmten, fand ich die älteren Brüder meiner Freunde toll. Und einen besonders, Phillip. Ich denke aber, meine Schwärmerei so gut versteckt zu haben, dass ich nicht glaube, dass er oder meine Freunde davon etwas bemerkt haben.

Auch hielt die Entscheidung, mich von meinen weltlichen Freundinnen zu lösen, nicht sehr lange an. Ich vermisste sie und die schöne Zeit, die wir gemeinsam verbracht hatten. Also trafen wir uns wieder, nach nur wenigen Wochen ohne Kontakt.

Mein erstes Outing hatte ich dann vor Elif. Im März, kurz vor den Osterfeiertagen und kurz vor meinem achtzehnten Geburtstag überkam mich der dringende Wunsch, mit jemandem über mich und meine Sexualität zu sprechen. Noch auf der Arbeit schrieb ich ihr in einer längeren Nachricht, dass ich später am Abend etwas mit ihr besprechen müsse. Plötzlich überfiel mich eine enorme Ungeduld. Ich wollte nicht länger warten, der Feierabend schien mir viel zu weit entfernt. Also outete ich mich ihr gegenüber noch in der Mittagspause per Textnachricht. Sie reagierte verständnisvoll und war völlig cool damit. Dafür bin ich ihr sehr dankbar. Sie gab mir durch dieses erste, nicht traumatische Outing die Möglichkeit, mich auch gegenüber weiteren Menschen zu outen.

In den Monaten darauf outete ich mich bei meinen weiteren Freundinnen, welche dies ausnahmslos positiv aufnahmen und mich unterstützten. Auch ihnen bin ich dafür ungemein dankbar. Hätten sie mein Outing negativ aufgefasst, hätte ich vermutlich nicht den Mut gehabt, den Weg der Selbstfindung weiterzugehen. Ich machte mir eine Liste und schrieb alle Personen auf, bei denen ich mich geoutet hatte. Dazu notierte ich jeweils das Datum des Outings. Mir war es wichtig, den Überblick zu behalten und das Gefühl zu haben, kontrollieren zu können, wer über mein Geheimnis Bescheid wusste. Ich durfte nicht riskieren, dass meine Familie über verschiedene Ecken von meiner Sexualität erfuhr.

Der nächste aktive Schritt, den ich tat, um mich mehr mit meiner Sexualität auseinanderzusetzen, war die Anmeldung auf einer schwulen Dating-App. Für ein Treffen mit einem anderen Mann war ich zwar noch viel zu unsicher, aber ich konnte so mit anderen schwulen Männern schreiben, mich austauschen und neue Erfahrungen machen. In dieser Zeit lernte ich Sven kennen. Er war ein junger Mann aus dem Norden, ein sehr interessanter Mensch. Er war sehr gutmütig und liebevoll. Alle Entscheidungen uns betreffend überließ er mir, um mich nicht unter Druck zu setzen.

Zur Gemeinde ging ich in dieser Zeit immer noch, aber nicht mehr mit der Motivation, die ich früher einmal hatte. Aber ich glaubte irgendwie noch an Gott. Und ich hatte den Glauben, dass ich niemals beides sein konnte, schwul und trotzdem ein gläubiger Christ. Dieser Konflikt ist auch heute noch sehr tief in mir verankert, auch wenn ich jetzt weiß, dass schwul und ein Christ zu sein sich nicht ausschließt.

Im Sommer dieses Jahres fand wieder eine Jugendfreizeit der Kirchengemeinde in Österreich statt. Als Kind hatte ich alle Freizeiten ausgelassen. Ich hatte meine Eltern jedes Mal gebeten, zu Hause bleiben zu dürfen. Als sehr introvertiertes Kind war eine Freizeit nicht gerade der Ort, an dem ich sein wollte. Als Jugendlicher nahm ich dann aber an den ersten Winterfreizeiten teil, die nur ein Wochenende andauerten. Und im Jahr 2017 war ich das erste Mal auf der Sommer-Jugendfreizeit dabei, die über eine ganze Woche ging. Solche Freizeiten hatten das Ziel, das Wir-Gefühl zwischen den jungen Christ:innen in der Gemeinschaft zu stärken. Und auch, dass sich bisher unbekehrte Jugendliche bekehren.

Mein Zimmer teilte ich mit drei weiteren Jugendlichen. Einer meiner Zimmernachbarn, Jan, war zu dieser Zeit den christlichen Glauben betreffend wie ein Mentor für mich. An einem Nachmittag gingen wir zu zweit auf dem Gelände der Jugendherberge spazieren. Wir sprachen über Gott und den Glauben. Er hatte auch erst als Jugendlicher zu Gott gefunden, davon erzählte er mir. Dann fragte er mich, warum ich mich vom Glauben zurückgezogen habe. Ich war mir unsicher, was ich ihm antworten sollte, aber dann outete ich mich. Über seine Reaktion war ich erstaunt, er beleidigte mich nicht oder sah mich komisch an. Er wirkte verständnisvoll. Das war für mich schon besser als das, was ich erwartet hatte. Aber er sagte mir auch, dass schwul zu sein nicht vereinbar sei mit dem Glauben. Doch das störte mich in diesem Moment nicht, da ich ja selbst dieser Meinung war. Wir unterhielten uns weiter und ich äußerte den Wunsch, dass ich mich auf der Freizeit bekehren möchte. Ich hatte mich zwar schon mal bekehrt, auf der Evangelisation im Jahr 2008 und auch darauf in einem normalen Gottesdienst, aber ich hatte das Gefühl, mich wieder zu stark vom Glauben distanziert zu haben. Also wollte ich diesen Schritt zu Gott ein weiteres Mal gehen. Und das tat ich dann an einem der letzten Tage der Freizeit. Das seelsorgerliche Gespräch hatte ich mit einem Jugendleiter. Auch hier musste ich alle Sünden vor ihn bringen, denn nur dadurch brachte ich die Sünden vor Gott. Also musste ich ihm sagen, dass ich schwul bin. Es wunderte mich, aber auch er nahm mein Outing recht gefasst auf.

Somit war ich also erst mal wieder waschechter mennonitischer Christ. Um den Glauben diesmal wirklich ernst zu nehmen, brach ich den Kontakt zu meiner schwulen Chat-Bekanntschaft Sven noch auf der Rückfahrt der Freizeit ab. Auch den Kontakt zu meinen Freundinnen beendete ich. Wieder einmal. Ich wollte diesmal alles richtig machen und nahm mir fest vor, mich im Jahr darauf taufen zu lassen. Um ein guter Christ zu sein, musste außerdem Gott gedient werden. An Besuchen alter Witwer und Witwen nahm ich bereits teil, aber auch im Jugendchor meldete ich mich an, wobei mein Gesangstalent ehrlicherweise zu wünschen übrigließ.

Der erste Stolperstein auf meinem Weg dahin, ein guter Christ zu sein, ließ aber nicht lange auf sich warten.

Während der abendlichen Familienandacht betete mein Vater Folgendes: „Danke, dass Simon sich bekehrt hat. Und bitte mach auch, dass sich Joni eines Tages bekehrt." Ich war geschockt. Ich hatte mich doch extra bekehrt. Ich war im Jugendchor, ging zu allen Gottesdiensten, nahm alle Veranstaltungen wahr. Ich tat mein Bestes. Und Papa sah mich trotzdem nicht als einen bekehrten Christen an? Was sollte ich denn noch tun? Angesprochen habe ich ihn darauf nie.

Die Wochen zogen ins Land und meine Motivation, ein guter Christ zu sein, schwand dahin. Zudem hatte ich mich darüber informiert, dass meine Homosexualität angeboren war und ich nie eine Wahl gehabt hatte. Damit ergaben sich für mich die ersten Widersprüche in der Bibel. Wenn ich schwul geboren wurde, hatte Gott mich also schwul geschaffen. Und Gott macht ja keine Fehler. Wenn er mich schwul schuf, warum sollte er mir dann verbieten, schwul zu leben? Auch fiel mir auf, dass die Bibel nicht gerade feministisch geschrieben ist. Auch das stand für mich in Widerspruch mit ihrer eigentlichen Aussage „Jesus liebt alle".

Schnell traf ich mich wieder mit meinen Freundinnen. Auch „Disco", die schwule Dating-App, wurde wieder installiert. Und ich fing an, die Gottesdienste zu meiden. Als Vorwand gab ich oft an, dass es mir nicht gut gehe. Papa pflegte, wenn jemand vor dem Gottesdienst zu lange für das Zurechtmachen brauchte und die übrige Familie warten musste, zu sagen, er würde jetzt ohne diese Person losfahren. Das machte ich mir zunutze und brauchte morgens extra lange, um mich für den Gottesdienst fertig zu machen. Dies ging bis zum Jahresende so weiter. Dann suchte Mama das Gespräch mit mir und fragte, ob ich nicht wieder zum Gottesdienst mitkommen möchte. Meine Mutter zu kränken, das war mir nie lieb, aber in diesem Moment bestand der einzige Weg für mich, ich selbst sein zu können, darin, dass ich ihr erklärte, fortan keinen Gottesdienst mehr wahrnehmen zu wollen. Und auch die abendlichen Familienandachten mied ich nun. Sobald sich meine Familie im Kaminzimmer zusammenfand, um die Bibel zu lesen und zu beten, schloss ich mich schnell im Badezimmer ein oder verschwand in mein Zimmer. Dass ich nicht mehr zu den Gottesdiensten ging und mich generell vom Glauben abwandte, bekamen auch Verwandte mit. Einige von ihnen und auch der Jugendleiter, vor welchem ich mich geoutet hatte, begannen, mir regelmäßig Bibeltexte und christliche Sprüche zuzusenden. Sie versuchten mich so zurück zum Glauben zu bringen. Diese Versuche hielten eine lange Zeit an.

An den ersten für mich freien Sonntagen gab es morgens noch viel Stress. Ein paar Wochen lang nahm mir mein Vater vor dem Gottesdienst mein Smartphone und meinen Laptop weg, schlichtweg damit ich mir keine schöne Zeit machen konnte, solange die Familie im Gottesdienst war. Aber lieber war mir zu Hause langweilig, als dass ich im Gottesdienst saß. Mit der Zeit gewöhnten sich meine Eltern aber an die neue Situation und die angespannte Atmosphäre entspannte sich minimal.

Die Glaubensfrage hatte ich für mich aber noch nicht geklärt, eher hatte ich sie einfach verdrängt und ganz weit in meinem Kopf zurückgeschoben.

⚣ ⚣ ⚣

Im März 2018 traute ich mich endlich, mich auf ein erstes Date einzulassen. Da ich ein sehr ungeduldiger Mensch bin, hatte ich es so plötzlich so eilig, dass ich mich mit Felix traf. Ein Mann, mit welchem ich vorher nur wenige Tage lang geschrieben hatte. Aber ich wollte nicht länger warten. Im Nachhinein hat es zwischen uns nicht gepasst, aber ich bin Felix sehr dankbar dafür, sehr schöne erste Momente mit ihm erlebt zu haben. Auch er gab mir die Zeit, die ich brauchte, und drängte mich nicht, Dinge zu tun, zu denen die ich noch nicht bereit war. Wir hatten zwei Dates, danach trennten sich unsere Wege wieder.

Die Dating-App „Disco" war nicht sehr gut besucht. Die Entfernung zu anderen schwulen Männern lag schnell bei fünfzig oder mehr Kilometern. Also begab ich mich auf die Suche nach einer neuen Plattform. Ich fand diese in „GayRomeo", auch bekannt als „Blaue Seiten". Hier waren damals fast alle Schwule. Nach wenigen Tagen in der App stieß ich auf das Profil von Thomas. Er sah überaus attraktiv aus, also schrieb ich ihn an. Wir fingen direkt an, sehr viel miteinander zu schreiben, und unsere Gesprächsthemen gewannen schnell an Tiefe. Ich merkte, dass wir auch menschlich sehr gut harmonierten. Bereits in der ersten Woche telefonierten wir abends stundenlang. Diese Telefonate konnte ich aber nicht von meinem Elternhaus aus führen, also fuhr ich mit dem Auto auf einen abgelegenen Parkplatz und sprach von dort aus mit ihm. Meine Mutter fand meine langen abendlichen Abwesenheiten nicht gut, aber sie ließ mich gewähren. Nach einer Woche Kontakt hatten wir unser erstes Date. Daraufhin trafen wir uns an jedem Wochenende. An unserem dritten Date wurden wir ein Paar. Um die Beziehung vor meiner Familie geheim zu halten, trafen wir uns jede Woche nur an einem Tag. Meistens war dies der Samstag, manchmal auch der Sonntag. Meinen Eltern erzählte ich, dass ich bei meinen Freund:innen sei. Auch zwei Kurzurlaube mit Thomas in dieser Zeit begründete ich auf diese Weise. Ich erzählte meiner Mutter von ihm, erfand aber eine Geschichte dazu, wer er sei und wo ich ihn kenngelernt hätte.

Vor unserem zweiten Kurzurlaub hatte ich ein Gespräch mit Mama. Sie wollte mich darauf hinweisen, dass ich mich während des Urlaubs nicht versündigen soll. Sie bat mich auch konkret darum, während dieser Reise keinen Sex zu haben.

Ich schaute sie leicht irritiert und gespielt fassungslos an. „Mama, mit wem soll ich da Sex haben? Ich bin doch nur mit Thomas im Urlaub", erwiderte ich.

Sie schaute mich danach nur kritisch an.

Damals interpretierte ich unser Gespräch so, dass Mama mir nicht glaubte, ich würde mit einem Mann in den Urlaub fahren. Ich ging davon aus, dass sie mich für heterosexuell hielt und nicht wollte, dass ich mit einer Freundin schlafen würde. Heute bin ich mir sicher, dass sie ihre Aussage genau so gemeint hatte, wie sie es sagte.

Kapitel 5: Mein großes Outing

Zum Ende des Jahres verspürte ich den Druck und den Wunsch, mich vor meiner Familie zu outen. Da ich noch immer bei meinen Eltern wohnte, musste ein Outing wohl überlegt sein. Dass meine Eltern keine gute erste Wahl wären, um mich bei meiner Familie zu outen, war mir klar. Ich hielt das Outing vor meiner Schwester für das geringste Übel. Also warnte ich Jasmin morgens vor, ich müsse abends ein wichtiges Gespräch mit ihr führen. Als ich einen ruhigen Moment fand, an dem wir nur zu zweit zu Hause waren, bat ich sie um das Gespräch. Wir saßen vor dem Kamin, als ich ihr sagte, dass ich einen Freund habe. Einen festen Freund. Dass ich mit ihm zusammenziehen und ihn heiraten möchte. Jasmin war schockiert. Sie fing an zu weinen. Sie weinte unser gesamtes Gespräch über. Aber sie versprach mir, das Geheimnis für sich zu behalten. Am nächsten Morgen saß sie allein am Küchentisch, als ich den Raum betrat. Sie nutzte die Gelegenheit, mich zu Thomas auszufragen. Ich war sehr froh über die normale Struktur des Gesprächs.

In den nächsten Tagen und Wochen fiel es Jasmin jedoch zunehmend schwerer, mit dem Geheimnis zu leben. Sie empfand mein Handeln als Sünde und wusste nicht, was sie dagegen unternehmen könnte. Daher wollte sie unsere Eltern einweihen, aber sie hielt sich an das Versprechen, welches sie mir gegeben hatte. Sie setzte mir eine Frist, in der ich mich vor Papa und Mama outen sollte. Ich bat sie mehrfach um Verschiebung der Frist, da ich sehr große Angst vor dem Outing vor meinen Eltern hatte.

❦ ❦ ❦

Ende des Jahres wurden bei Mama in einer Untersuchung sehr schlechte Blutwerte festgestellt. Da sie schon dreimal an Krebs erkrankt war, stand auch jetzt schnell dieser schreckliche Verdacht im Raum. An den Feiertagen verdrängten wir das Thema innerhalb der Familie und konnten so noch gemeinsam möglichst unbeschwerte Feiertage verbringen. Mein Outing empfand ich in dieser Situation nicht als angemessen.

Zu Beginn des neuen Jahres 2019 bestätigte sich der Verdacht. Mama hatte wieder Krebs. Zum vierten Mal. Der Krebs hatte schon gestreut und war sehr weit fortgeschritten, er hatte mehrere Organe und umliegende Knochen befallen. Zunächst wurden noch verschiedene Behandlungsansätze versucht, doch schnell brach Mama alle Behandlungen ab und entschied sich für eine palliativmedizinische Behandlung, denn die anderen hätten keine Heilungschancen ergeben. Und sie wollte die verbleibende Zeit lieber bei ihrer Familie verbringen.

Ich hatte eine schwierige Entscheidung zu treffen. Zum einen wollte ich mich vor Mama outen, solange ich noch die Zeit dazu hatte. Ich wollte, dass sie mich so kennenlernte, wie ich wirklich bin. Denn bislang kannte sie nur mein halbes Ich. Aber wäre ein Outing nicht auch sehr egoistisch gewesen? Mama würde es nicht gut aufnehmen und ich würde ihr in ihren letzten Monaten hier auf der Erde viel Kummer und Schmerz bereiten.

Ich rang lange mit mir und entschied ich mich für das Outing. Vielleicht war die Entscheidung egoistisch, aber ich konnte mich nicht länger verstellen. Und ich war mir sicher, dass ich es später bereuen würden, Mama nie die Wahrheit über mich gesagt zu haben.

🜨 🜨 🜨

Bevor ich es meinen Eltern sagte, klammerte ich mich an alle Aussagen von ihnen, die mir Hoffnung auf ein gutes Ende gaben.

Einmal waren wir als Familie zu Verwandten gefahren, ich war noch im Vorschulalter. Im Auto kam ein Gespräch über Hochzeiten auf. Also fragte ich Mama, ob ich denn zum Beispiel Samuel, einen Cousin, heiraten dürfe. Nicht, dass ich ihn besonders toll fand. Aber ich wollte die Regeln rund ums Heiraten verstehen. Mama sagte damals zu mir, ich dürfe ihn nicht heiraten, weil wir verwandt wären. Was sie nicht sagte, war, dass es ein Problem wäre, weil wir beide Jungs sind. Vor meinem Outing war ich so voller Angst, dass mir selbst diese nicht getroffene Aussage meiner Mutter vor über fünfzehn Jahren Hoffnung gab, Hoffnung geben musste.

Die allergrößte Überwindung kostete mich dann das tatsächliche Outing vor meinen Eltern. Am 8. Februar 2019 ging ich abends in das Kaminzimmer im Erdgeschoss, wo Papa und Mama sich aufhielten, mit dem Ziel, mich an diesem Abend zu outen. Mama und Papa schauten eine Predigt am Computer. Als ich vor dem Kamin saß, brauchte ich erst mal eine Pause. Jetzt war ich im selben Raum, ich musste es nur noch sagen. Aber was würde passieren? Wie würden sie reagieren? Mich rausschmeißen? Ausrasten? Mir mein Handy wegnehmen? Hausarrest erteilen?

„Mama, Papa? Ich muss euch was sagen. Ich … bin schwul.“

Ein Satz, der sich einfach liest, aber so viel Kraft gekostet hat. Ich war in meinem Leben vorher und nachher nie so mutig gewesen. Es war ein kurzer Moment des Mutes, den ich nutzte. Eine Sekunde früher oder später hätte ich mich nicht getraut, diesen Satz auszusprechen. Es war diese eine Sekunde, in der ich dachte, jetzt oder nie. Alles oder nichts. Los!

Ein paar Sekunden herrschte Schweigen. Papa pausierte die Predigt am Computer. Mama fing an zu weinen. Papa schaute mich an, als hätte ich gerade gebeichtet, das Haus angezündet und zig Menschen ermordet zu haben. Ich hatte aber nur gesagt, dass ich schwul bin. Dass ich nicht auf Frauen stehe, sondern auf Männer. War das denn so schlimm?

Kapitel 6: Danach

Nach dem Gespräch mit meinen Eltern an dem Freitagabend verließ ich das Haus und fuhr zu Thomas. Das Wochenende über verbrachte ich nur die Nächte zu Hause und war tagsüber bei Thomas oder meinen Freundinnen. Aber ewig konnte ich meinen Eltern nicht aus dem Weg gehen.

Die nächsten Tage musste ich viele Gespräche mit meinen Eltern führen, darunter eines mit meinem Vater, in welchem er mich stark beleidigte. Er machte Aussagen wie die, dass ich geistig zurückgeblieben sei. Auch sagte er, dass er lieber eine hässliche Frau als einen schwulen Sohn hätte. (War das jetzt ein Kompliment an meine Mutter oder eine an mich gerichtete Beleidigung?)

Ein weiteres Mal betraten Papa und Mama gemeinsam mein Zimmer. Sie knieten sich hin und fingen an, zu Gott zu beten. Zu flehen und zu weinen, Gott möge mich von meinen Sünden erlösen und zurück zum Glauben führen. Für mich war die Situation sehr schlimm und ich wollte ihr nur entfliehen. Ich ging schnell auf die Tür zu, aber Mama kniete sich in den Weg, sodass ich nicht aus dem Zimmer kam. So stand ich am Fenster und musste warten, bis die Gebete zu Ende waren. Auch ich weinte und zitterte. Ich wollte das alles nicht. Ich wollte doch einfach nur glücklich sein dürfen.

Mit Thomas besprach ich meinen Auszug und datierte diesen auf einen der folgenden Tage. Meinen Vorgesetzten auf der Arbeit bat ich um einen freien Tag. Und Frieda sagte zu, gemeinsam mit ihrer Mutter zu kommen, um mein Hab und Gut einzusammeln.

Dass ich meinen Auszug meinen Eltern nicht ankündigen konnte, war mir klar. Sie hätten nicht zugelassen, dass ich wegziehe. Sie hätten das Gefühl gehabt, ihren verbleibenden Einfluss auf mich zu verlieren. Damit wäre ich der Sünde und der Hölle geweiht.

Also musste der Umzug heimlich stattfinden. Am Mittwochmorgen stand ich gewohnt früh auf und fing an, meine Sachen zu packen. Jasmin und Papa verließen das Haus, ohne dies zu bemerken. Vor Mama konnte ich dann nicht mehr verheimlichen, dass ich gerade dabei war, auszuziehen. Sie weinte. Auch Simon weinte, als er es mitbekam. Er musste zur Arbeit und so waren Mama und ich nur noch zu zweit zu Hause. Ich versuchte ihr meine Situation zu erklären, ihr zu sagen, dass ich sie liebe, dass ich ihr nicht wehtun möchte und dass es für mich keine andere Option gebe. Aber das tat ich. Ich verletzte sie. Wieder einmal. Sie sagte, ich würde sie ins Grab bringen. Ob die Entscheidung auszuziehen richtig war, wusste ich nicht. Ich fügte Mama nur zusätzlichen Kummer und weitere seelische Schmerzen zu. Aber ging es in meinem Leben nicht auch um mich? Durfte ich nicht glücklich sein und alles dafür tun? Wäre ich bei meinen Eltern wohnen geblieben, hätte dies nicht zur Harmonie im Hause beigetragen. Die letzten Wochen auf der Erde wären für meine Mutter auch dann nicht besser gewesen.

Mama rief Papa an, um ihn über meinen Auszug zu informieren. Er sprach am Telefon auch mit mir und versuchte, mich von meinem Vorhaben abzuhalten. Aber ich machte weiter und brachte meine Sachen aus dem Haus, wo Frieda und ihre Mutter schon auf mich warteten. Und so zog ich zu Thomas. Hals über Kopf. Innerhalb eines Vormittags.

In den Wochen danach versuchte ich noch möglichst viel Zeit mit Mama zu verbringen. Ich fuhr sie oft besuchen und hatte eine wirklich sehr schöne Zeit mit ihr. Wir konnten zusammen scherzen und hatten Spaß. Mein Outing und der Auszug schwebten wie eine dunkle Wolke darüber, aber wir schafften es dennoch, uns schöne Momente zu bereiten.

Ich gehe sogar so weit, zu sagen, dass die schönsten Momente, die ich mit Mama erleben durfte, in diesen Wochen stattfanden.

Die schönsten Momente. Aber auch die schlimmsten. Sie teilte mir mit, dass sie organisieren würde, dass ich auf ihrer Beerdigung vor allen Teilnehmenden auf mein Glaubensleben angesprochen würde. Ich glaubte, sie wollte mich damit nur unter Druck setzen, mich wieder dem Glauben anzunähern.

Am 01.05.2019 starb Mama.

Mamas Beerdigung war der schlimmste Tag meines Lebens. Hinzu kam, dass die Tatsache meines Outings und Auszugs bereits Kreise in der Kirchengemeinde und der Verwandtschaft gezogen hatte. Ich wurde mit vielen kritischen Blicken beäugt. Mir wurde das Recht abgesprochen, um meine verstorbene Mutter zu trauern, da ich ja freiwillig von zu Hause ausgezogen sei. Das alles machte diesen

Tag für mich nicht leichter. Es waren ungefähr vierhundert Personen auf der Beerdigung und ungefähr zweihundertfünfzig nahmen haben an der anschließenden Trauerfeier teil. Und Mama machte ihre Drohung wahr. Am Ende der Trauerfeier richtete der Gemeindeleiter seine abschließenden Worte an mich. In Mamas Auftrag. Mamas letzter Wunsch sei es nicht gewesen, dass sie wieder gesund wird, sondern dass ich in den Himmel komme. Dass ich mich bekehre, von meinem sündigen Leben Abstand nehme und zu Gott zurückkehre.

Ich wurde vor der gesamten Trauergemeinschaft bloßgestellt und gedemütigt. Aber am stärksten enttäuscht war ich von Mama. Sie war meine Mutter. Sie wusste, dass sie sterben musste. Und sie ließ ihre Kinder zurück, die ihr restliches Leben nun ohne ihre Mutter verbringen müssen. Mama hatte entscheiden können, wie der letzte gemeinsame Moment ablaufen sollte. Wie ich sie in Erinnerung behalten sollte. Und ihre letzte Tat war eine Bloßstellung und Demütigung meiner Person. Sollte eine Mutter nicht immer das Wohl ihrer Kinder im Sinn haben? Sollte sie nicht das Beste für sie wollen? Mama hätte mir noch so viele schöne Dinge für mein restliches Leben mit auf den Weg geben können, aber sie entschied sich dagegen.

Das Verhältnis zu meiner Familie war danach weiterhin angespannt. Nach dem Tod meiner Mutter traf ich mich noch ein Jahr lang regelmäßig mit meinem Vater, seiner neuen Frau und meinen Geschwistern. Aber dann fing ich an, darauf zu bestehen, nicht mehr ohne Thomas zu erscheinen. Meine Geschwister kamen ja auch in Begleitung ihrer Partner:innen. Danach gab es noch ein

Treffen, an dem meine Geschwister Thomas kennenlern-
ten. Da waren er und ich gerade frisch verheiratet. Was
nach diesem Treffen innerhalb meiner Familie passiert ist,
weiß ich nicht, denn jahrelang hatten wir kaum Kontakt.
Wir trafen uns nie. Nur zu Weihnachten oder zum Geburtstag tauschten wir gelegentlich einen Gruß aus.

Erst vier Jahre später näherten wir uns wieder langsam
an. Ich schrieb Papa, dass ich mich gerne mit der gesamten
Familie treffen würde, in Begleitung von Thomas. Papa
antwortete, dass sie sich an einem Sonntagabend treffen
wollten. Es schrieb nicht, ob ich allein eingeladen sei oder
Thomas und ich gemeinsam, nur dass ein Treffen statt-
finde. Weiter konnte er nicht auf mich zugehen. Den Rest
sollte ich zwischen den Zeilen lesen. Und das tat ich.

Kapitel 7: An Mama und Papa

Mama, leider gibt es für uns kein danach mehr. Keine Möglichkeit, über das Geschehene zu sprechen. Du bist weg. Und ich muss damit leben, wie wir auseinandergegangen sind.

Ich liebe dich, Mama. Ich vermisse dich. Und ich möchte dir vergeben. Ich habe dir vergeben.

Auch würde ich dich um Entschuldigung bitten. Aber das geht nicht mehr.

Trotz allem, was passiert ist, kann ich euch, Papa und Mama, nicht die alleinige Schuld dafür geben, wie unser Verhältnis sich verändert hat. Sicher ist oder war in erster Linie euer Umgang mit meiner Homosexualität das Problem. Aber ich habe mich gefragt, woher eure homophobe Einstellung kommt. Ist sie erlernt, durch den massiven Einfluss der Kirchengemeinden und des mennonitisch-christlichen Glaubens in allen Phasen eures Lebens? In erster Linie tragen solche Kirchengemeinden die Schuld. Sie erziehen und formen ihre Mitglieder systematisch nach gewünschten Mustern. Keine eigene Meinungsbildung, kein Hinterfragen, keine Kritik. All dies unter dem Deckmantel des absoluten Glaubens an den einen Gott. Gibt es in unserer heutigen Zeit noch Platz für diese Muster? Ist es nicht gerade heute besonders wichtig, sich eine eigene Meinung zu bilden? Vorgegebene Denkweisen kritisch zu hinterfragen? Diese Kirchengemeinden haben davor große Angst, denn dann würde es sie nicht mehr geben.

Kapitel 8: An Dich

Schwul sein ist absolut okay. Genau wie jede andere Sexualität. Genau wie jede Geschlechtsidentität.

Warum sollte es falsch sein, eine Person zu lieben?

Warum sollte es falsch sein, der oder die zu sein, der oder die Du bist?

Wir leben in einer Welt, in der Queerfeindlichkeit an der Tagesordnung steht. Heute sollte bunte Liebe und bunte Identität doch für alle normal sein. Leider ist sie das für viele noch nicht. Es gibt Menschen, zu denen können wir nicht durchdringen, ihnen können wir unsere bunte Welt nicht erklären. Sie wollen in ihrer schwarz-weißen Welt bleiben.

Es müssen sicher noch einige Jahre vergehen, damit Anfeindungen gegen die LGBTQIA*-Community ein Ende finden. Damit wir frei unser Leben führen können. In allen Teilen dieser Welt.

Das ist meine Hoffnung, mein Traum: dass die Generationen nach uns eines Tages eine solche Welt erleben dürfen, in der jede:r so sein darf, wie er oder sie will. Wäre das nicht großartig?

Kapitel 9: Danke!

Danke, dass Du mein Buch gelesen hast und offen dafür warst, meine Geschichte zu hören.

Ein besonderer Dank geht an die Menschen, die immer hinter mir gestanden haben und auf die ich zählen kann – ihr seid großartig.

Ich hatte lange zu kämpfen mit dem, was passiert ist. Eines Tages habe ich begonnen, meine Erlebnisse und Gedanken aufzuschreiben, um sie besser verarbeiten zu können. Daraus entstand dieses Buch. Alle Namen habe ich geändert, um die Menschen, die ich in diesem Buch erwähnt habe, zu schützen.

Außerdem habe ich mir psychotherapeutische Hilfe gesucht. Das darfst Du auch. Es ist wichtig, sich Hilfe zu holen, wenn man diese benötigt. Trau Dich und geh diesen Schritt. Es wird Dir helfen!

Und was ist mit Gott? In meiner Kindheit und Jugend lernte ich Gott als strengen und strafenden Richter kennen – eine Sichtweise, die mich lange Zeit quälte. Doch jetzt, auf meiner Reise der Selbstannahme versuche ich, meinen eigenen Zugang zu Gott zu finden. Ich beginne, ihn als liebenden und gutmütigen Gott zu sehen, der mich so geschaffen hat, wie ich bin, und mich bedingungslos liebt.

Gott hat mich so geschaffen, wie ich bin. Ich habe mir meine Sexualität nicht ausgesucht. Und wenn ich die Wahl hätte, dann wäre ich sicher nicht schwul geworden. Warum sollte ich absichtlich den schwereren Weg wählen? Aber ich bin schwul, weil Gott mich schwul geschaffen hat.

Und Gott macht keine Fehler. Ich bin Gott dankbar, dass ich ein schwuler Mann bin. Durch die erlebten Situationen bin ich heute da, wo ich bin. Ich habe Menschen um mich herum, die mich lieben, so wie ich bin. Und ich habe meinen Ehemann, Thomas, diesen einen tollen Menschen auf der Erde, mit dem alles besser ist. Der mir Halt gibt, der mich liebt, der für mich da ist. Mit dem ich so viele wundervolle Momente und auch viele schwere Momente erlebt habe.

Und in schwierigen Momenten hilft mir auch der Glaube an Gott. Und der Glaube daran, dass er mich eines Tages so, wie ich bin, zu sich in den Himmel nehmen wird. Dieser Glaube gibt mir Hoffnung und Zuversicht.

Habe ich dir nicht geboten: Sei getrost und unverzagt? Lass dir nicht grauen und entsetze dich nicht; denn der HERR, dein Gott, ist mit dir in allem, was du tun wirst.
Josua 1:9